Fiche de lecture

Document rédigé par Mélanie Ackerman
maitre en langues et littératures françaises et romanes
(Université catholique de Louvain)

Les Trois Mousquetaires

Alexandre Dumas

lePetitLittéraire.fr

Rendez-vous sur lePetitLittéraire.fr et découvrez :

- plus de 1200 analyses
- claires et synthétiques
- téléchargeables en 30 secondes
- à imprimer chez soi

Code promo : LPL-PRINT-10

10 % DE RÉDUCTION SUR www.lePetitLittéraire.fr

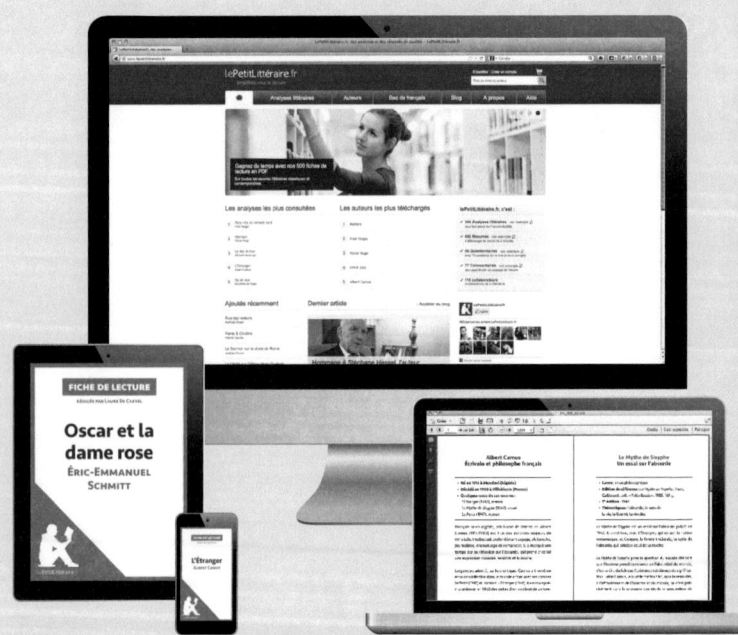

RÉSUMÉ 6

ÉTUDE DES PERSONNAGES 12
D'Artagnan

Athos

Aramis

Porthos

Milady

Constance Bonacieux

CLÉS DE LECTURE 16
Le roman feuilleton

Une œuvre au carrefour de plusieurs genres

Quelques procédés narratifs du roman feuilleton

Succès et critique de l'œuvre

PISTES DE RÉFLEXION 22

POUR ALLER PLUS LOIN 23

Alexandre Dumas
Écrivain français

- **Né en 1802 à Villers-Cotterêts**
- **Décédé en 1870 à Puys**
- **Quelques-unes de ses œuvres :**
  Pauline (1838), roman
  Les Trois Mousquetaires (1844), roman
  Le Comte de Monte-Cristo (1844-1845), roman

Alexandre Dumas (1802-1870), souvent désigné en tant que « père » afin de le distinguer de son fils, est un écrivain français, proche du romantisme. Fils d'un général aux origines afro-antillaises, il commence à travailler dès son plus jeune âge avant de se tourner vers l'écriture. Il rencontre rapidement le succès avec ses vaudevilles et ses drames historiques. Il écrit alors une quantité impressionnante d'œuvres, parmi lesquelles on peut retenir *Henri III et sa cour* (1829) ou encore *Kean ou Désordre et Génie* (1836). Mais c'est avec sa série de fresques historiques qu'il passe véritablement à la postérité, notamment avec la trilogie des *Trois Mousquetaires* en 1844 ou avec *Le Comte de Monte-Cristo* la même année.

Les Trois Mousquetaires
Itinéraire d'un mousquetaire devenu célèbre

- **Genre:** roman
- **Édition de référence:** *Les Trois Mousquetaires*, Paris, Gallimard, coll. « Folio classique », 2001, 800 p.
- **1re édition:** 1844
- **Thématiques:** prison, évasion, vengeance, injustice

Les Trois Mousquetaires est l'œuvre la plus connue d'Alexandre Dumas. Publiée dans un quotidien en 1844 sous forme de roman feuilleton, *Les Trois Mousquetaires* est la première partie d'une trilogie imaginée par l'écrivain. Dans ce premier volume, on suit l'évolution de d'Artagnan, cadet de Gascogne arrivant à Paris et rejoignant les mousquetaires du roi.

Le roman remporte un franc succès: le nombre de tirages du journal augmente lors de la parution de l'œuvre et le récit fait ensuite l'objet d'une édition en un seul volume.

RÉSUMÉ

CHAPITRES 1-10

D'Artagnan, un jeune Gascon, arrive à Paris en 1625. Il fait sa première apparition dans un nouvel univers. Il a une altercation avec Rochefort, qu'il reverra ensuite, et connait sa première humiliation en présence de Milady. Plus tard, ce provincial est reçu par M. de Tréville, capitaine des mousquetaires, qui accepte que d'Artagnan les rejoigne, sans pouvoir lui accorder de titre avant qu'il ne fasse campagne avec eux.

La première rencontre avec les mousquetaires ne laisse pas présager une bonne entente puisque d'Artagnan parvient à se mettre à dos Athos, Porthos et Aramis en quelques minutes. Un premier combat avec les hommes du cardinal a lieu suite à un conflit de longue date qui fait rage entre la garde du roi et celle de M. le cardinal (Richelieu était prélat et homme d'État français, 1585-1642). D'Artagnan commence à comprendre que les complots sont monnaie courante. Apprenant qu'une dame de la reine Anne d'Autriche (1601-1666), Mme Bonacieux, est enlevée par Rochefort, il se met en tête de la retrouver et la sauve d'une souricière.

CHAPITRES 11-19

D'Artagnan surprend Mme Bonacieux en compagnie du duc de Buckingham : elle le conduit chez la reine. Le jeune homme découvre que des secrets relatifs à l'amour et à la politique relient tous ceux qu'il a rencontrés depuis son arrivée à Paris. Rochefort apprend au cardinal que la reine a remis au duc de Buckingham les ferrets offerts par le roi. Le cardinal manigance alors pour que Louis XIII (roi de France, 1601-1643) organise un bal et que la reine soit tenue de porter les ferrets.

CHAPITRES 20-24

Les mousquetaires et d'Artagnan se mettent en route pour Londres afin de récupérer les ferrets que la reine a offerts à Buckingham. Ce dernier, à l'arrivée de d'Artagnan (les mousquetaires sont finalement restés en France), ne peut que constater la perte de deux ferrets sur les douze. Le duc comprend que ce rebondissement malheureux est dû à Milady qui s'était rapprochée de lui lors d'un précédent bal et avait pu les lui subtiliser. Buckingham fait reproduire les ferrets manquants et organise le retour de d'Artagnan en France. Le bal commence et la reine n'a pas les ferrets. Le roi l'envoie les chercher. Le cardinal propose alors au roi les deux ferrets que Milady lui a fait parvenir afin de faire éclater la trahison de la reine. Celle-ci réapparait ornée des douze ferrets. Mme Bonacieux fixe par écrit un rendez-vous à d'Artagnan, qui ne voit pas qu'elle cherche à le piéger. Il attend vainement et finit par se mettre en route pour retrouver ses trois compagnons.

CHAPITRES 25-32

En quelques jours, les quatre amis sont réunis à Paris. Ils ont alors quinze jours pour se préparer à partir en campagne pour Sa Majesté. D'Artagnan réalise que Milady n'est pas étrangère au rendez-vous prétendument fixé par Mme Bonacieux avant son départ et, donc, au second enlèvement de celle-ci. Après un duel contre Lord de Winter, il courtise sa sœur, Milady, et lui rend visite tous les jours.

CHAPITRES 33-40

Lorsque d'Artagnan découvre que l'émissaire du cardinal, Milady, n'a pas de sentiments pour lui, qu'elle le déteste même, il se fait la promesse de se venger. Se faisant passer pour l'homme aimé par Milady, le jeune Gascon s'immisce dans sa chambre et la rejoint dans l'obscurité. Il avoue son mensonge par la suite à Milady et découvre son secret : elle est marquée d'une fleur de lys, signe laissé par le bourreau. On offre à d'Artagnan de rentrer dans la garde du cardinal, mais il refuse cette proposition.

CHAPITRES 41-46

Les mousquetaires gagnent La Rochelle pour le siège qui oppose la France, à travers le cardinal Richelieu, aux Anglais et, surtout, à Buckingham. D'Artagnan manque de se faire tuer par un homme mandaté par Milady, mais il l'emporte et rejoint ses camarades. Les mousquetaires se rendent à l'auberge du Colombier-Rouge pour leur sureté. De leur chambre, les mousquetaires entendent, grâce au tuyau du poêle, la conversation du cardinal avec

Milady, dans la chambre au-dessus de la leur. Lors de cette entrevue, Richelieu ordonne à son émissaire d'assassiner Buckingham tandis qu'elle demande en échange d'être débarrassée de Mme Bonacieux et de son amant d'Artagnan. Suite à ces révélations, les mousquetaires agissent rapidement. Aramis et Porthos repartent avec Richelieu pendant qu'Athos, ayant reconnu en Milady son ex-femme, la menace de révéler tout ce qu'il sait d'elle si elle ne lui rend pas le blanc-seing procuré par le cardinal. Milady s'exécute et quitte la France pour l'Angleterre dès le lendemain dans le but de tuer le duc.

CHAPITRES 47-58

Les mousquetaires éprouvent le besoin de se retrouver sans que le cardinal ne se doute de quelque chose. Ils choisissent donc de défendre un bastion pour tenir leur conseil. La décision y est prise d'écrire au frère de Milady pour lui dévoiler les desseins de sa parente, ainsi qu'à Mme de Chevreuse, courtisée par Aramis, afin qu'elle demande à son amie la reine où se trouve Mme Bonacieux.

Arrivée en Angleterre, Milady est faite prisonnière par Lord de Winter, averti par les mousquetaires. Cette situation ne dure pas car Milady, rusée, séduit le garde à force de discours et s'enfuit avec son aide.

Une réponse à la lettre écrite à Mme de Chevreuse annonce à d'Artagnan que Mme Bonacieux se trouve au couvent de Béthune.

CHAPITRE 59

Le soldat, charmé par Milady et ému par les histoires qu'elle lui a contées, pense la venger en allant tuer Buckingham. Lord de Winter arrive trop tard pour sauver le duc, mais à temps pour arrêter le meurtrier.

CHAPITRES 60-62

Il s'agit maintenant pour les mousquetaires de rejoindre au plus vite Mme Bonacieux. Dans le même temps, Milady se met également en route vers le couvent de Béthune. Lorsqu'elle y arrive, elle parvient à entrer chez les carmélites et à obtenir subtilement des informations de la part de l'abbesse.

Celle-ci lui présente Mme Bonacieux. Milady fait la conversation jusqu'au moment où elle reconnait son interlocutrice et poursuit son mensonge au point que la lingère de la reine pense être avec une alliée. Milady apprend que les mousquetaires vont arriver pour retrouver Mme Bonacieux.

CHAPITRES 63-64

Milady, après avoir empoisonné le verre de Mme Bonacieux, s'enfuit. À l'arrivée de d'Artagnan, cette dernière est mourante, mais elle trouve la force de lui parler de sa compagne, la comtesse de Winter. Lord de Winter arrive également, ce qui amène le nombre de personnes désirant la perte de Milady à trois : Athos, Lord de Winter et d'Artagnan. Tous décident de la punir et partent, accompagnés d'un homme mystérieux amené par Athos.

CHAPITRES 65-67

La petite troupe guidée par les laquais parvient à une maison isolée où se cache Milady. Tous conviennent qu'elle doit être jugée. Chacun l'accuse pour ses crimes et réclame la peine de mort. L'homme mystérieux, qui se révèle être le bourreau qui l'a marquée à l'épaule, l'emmène pour mettre fin à ses jours.

ÉPILOGUE

Au retour du roi à Paris, d'Artagnan acquiert le grade de mousquetaire tandis que chacun poursuit sa voie.

ÉTUDE DES PERSONNAGES

D'ARTAGNAN

Le héros du roman feuilleton est inspiré d'un personnage historique, Charles de Batz-Castelmore, comte d'Artagnan (1610-1673), auquel est consacrée une œuvre qu'Alexandre Dumas a lue avant de rédiger *Les Trois Mousquetaires*.

Jeune Gascon débarquant à Paris, son portrait est dressé dans les premières pages du roman. Il est décrit comparativement au personnage de don Quichotte et de manière très stéréotypée.

> **BON À SAVOIR : DON QUICHOTTE**
>
> Don Quichotte est le héros bien connu du roman éponyme de Cervantès (écrivain espagnol, 1547-1616). Pour la première fois dans la littérature (1605), le personnage principal d'un roman ne répond pas aux caractéristiques qu'on attend de lui. Il n'a pas la carrure du héros et tient pourtant de nombreux lecteurs en haleine, encore aujourd'hui. Don Quichotte est un antihéros : il est naïf et idéaliste. Il a lu trop de récits de chevalerie et pense sauver le monde sur le dos de sa vieille monture Rossinante, accompagné de son fidèle compagnon Sancho Pança, attaquant notamment des moulins à vent qu'il prend pour des géants.

Tout au long du récit, d'Artagnan accompagne les mousquetaires, se formant à la garde du roi. Lors de l'exécution de Milady, il est décidé à venger Mme Bonacieux, qu'il aimait. Son éducation de mousquetaire touche alors à sa fin.

Il représente l'État moderne français, initié avec le siège de La Rochelle, et une nouvelle génération d'hommes.

ATHOS

Il incarne les valeurs de la vieille aristocratie et adopte donc une attitude passéiste. Pour accroitre la grandeur du personnage, Dumas lui associe des ancêtres importants.

Athos est le mousquetaire le plus présent dans le récit de Dumas car il représente, pour d'Artagnan, un modèle, un père symbolique. Néanmoins, comme tous les autres mousquetaires, il n'a pas que des qualités. Ses penchants pour le jeu et l'alcool témoignent de la vision que Dumas se fait de la société qui l'entoure : les grandes valeurs de la noblesse sont en train de se perdre.

ARAMIS

Mousquetaire le plus distant vis-à-vis de d'Artagnan, il est peu décrit, ce qui en fait un personnage plus discret et difficile à cerner. Le lecteur apprend qu'Aramis porte un intérêt certain à la religion ainsi qu'à Mme de Chevreuse. Dans la correspondance qu'Aramis entretient avec cette dernière, il lui révèle des informations importantes pour faire face à l'adversaire.

PORTHOS

Il est présenté comme un personnage d'une certaine simplicité: il est le moins intelligent des mousquetaires et conserve, d'une certaine manière, un esprit enfantin. Dans le roman, il est toujours prêt à rendre service, il se montre apprécié par la plupart et il se réjouit facilement.

Porthos est à la recherche d'une reconnaissance, d'un prestige. Dumas peint, au travers de ce personnage, le portrait de la bourgeoisie avide de pouvoir.

MILADY

Personnage féminin le plus important du roman, Milady apparait dès le premier chapitre et intervient dans le dénouement du récit qui aboutit à son exécution par les mousquetaires. Si elle est décrite physiquement au début du livre, Milady se révèle toutefois mystérieuse. Le lecteur découvre ses secrets au fil du roman.

D'un point de vue psychanalytique, elle incarne la figure de la mère incestueuse puisqu'elle entretient une relation avec son fils symbolique, d'Artagnan.

Traditionnellement considérée comme la méchante, Milady est un personnage à nuancer: d'une part, d'Artagnan abuse d'elle, d'autre part elle meurt assassinée, sans autre jugement que celui de ses victimes. Ces éléments amènent le lecteur à une vision plus contrastée de la «mauvaise».

CONSTANCE BONACIEUX

Cette autre figure maternelle est un personnage fictif, entièrement imaginé par Dumas. Lingère auprès d'Anne d'Autriche, elle est également la femme de M. Bonacieux, propriétaire du jeune d'Artagnan. Elle est enlevée et sauvée par le futur mousquetaire qui s'éprend d'elle.

Elle incarne la bonne mère puisque, tuée (empoisonnée par Milady) avant d'entamer une relation avec d'Artagnan (son fils symbolique), elle évite une relation incestueuse qui altérerait cette image douce.

CLÉS DE LECTURE

LE ROMAN FEUILLETON

Avec *Les Trois Mousquetaires*, Dumas se lance dans le genre du roman feuilleton qui repose sur le principe de « la suite au prochain numéro ». *Les Trois Mousquetaires* paraissent dans le journal *Le Siècle* de mars à juillet 1844.

Au cours des années 1830-1840, le roman feuilleton connait un succès retentissant grâce au développement de la presse et des grands quotidiens. Payés à la ligne, les auteurs choisissent ce mode de publication pour le gain qu'ils peuvent en tirer.

La publication sous cette forme implique quelques règles que l'on retrouve dans le roman de Dumas :

- l'auteur doit produire chaque jour une unité fictionnelle qui soit à la fois autonome et en continuité avec les épisodes passés et à venir ;
- l'auteur, payé à la ligne, en rajoute et compose des œuvres longues : le style qui en découle est à l'opposé de la sobriété ;
- l'auteur, rédigeant au jour le jour et dans l'urgence, a régulièrement recours aux clichés, aux stéréotypes et à un imaginaire commun qui évitent les longs développements. Pour la même raison, il préfère les phrases simples évitant une recherche syntaxique ;

- la durée de publication oblige l'auteur à faire des rappels de ce qui s'est déroulé précédemment. Le roman comporte donc une série de redondances.

UNE ŒUVRE AU CARREFOUR DE PLUSIEURS GENRES

Les Trois Mousquetaires est un roman feuilleton, genre particulier dont Dumas est arrivé à tirer le meilleur parti en jouant avec les attentes de ses lecteurs. D'une part, il installe le suspense et entretient l'attente de la publication suivante et, d'autre part, il joue avec les codes des genres littéraires :

- la structure du récit en épisodes quotidiens évoque le roman picaresque, qui raconte les aventures d'un jeune homme de basse condition. Mais ce type d'œuvre, constitué d'une succession de déplacements et d'histoires, relate des aventures sans liens entre elles. Ce n'est pas le cas des *Trois Mousquetaires*, qui présente une série d'évènements qui se suivent les uns les autres ;
- de la même manière, Dumas laisse penser que son texte peut être assimilé à un roman historique, alors que *Les Trois Mousquetaires* est un récit qui prend des libertés avec l'histoire. L'auteur s'inspire de personnages historiques pour leur faire vivre des aventures qu'ils n'ont jamais connues. Pour certains, comme Porthos, il ne conserve que le nom, et leur donne une nouvelle allure et une personnalité différente. Les premières lignes du récit visent à attribuer une image vraisemblable aux évènements qui vont suivre. L'auteur propose un cadre qui donne la sensation de

vérité historique : un moment, un lieu et des références à la réalité. Mais, très vite, Dumas délaisse la grande histoire pour se concentrer sur les aventures passionnantes des mousquetaires ;
- au cours du récit, le lecteur découvre également les aventures sentimentales des mousquetaires. Concernant d'Artagnan, il est en droit d'attendre une intrigue amoureuse avec la douce Constance Bonacieux. Néanmoins, le lecteur est vite déçu puisque cette relation ne se concrétise jamais et que le jeune Gascon va jusqu'à abuser de Milday. En multipliant ce type de rebondissements, Dumas déjoue le roman sentimental ;
- finalement, c'est le roman populaire qui semble être le genre auquel se rattache davantage *Les Trois Mousquetaires*. Mais, là encore, Dumas fait en sorte que son œuvre ne corresponde pas à toutes les caractéristiques du genre. Un des traits du roman populaire traditionnel est de présenter de longs dialogues entrecoupés d'indications. Dumas, lui, favorise les scènes plus dynamiques.

QUELQUES PROCÉDÉS NARRATIFS DU ROMAN FEUILLETON

Avec la parution quotidienne de tranches de fiction, Dumas doit donner envie au lecteur de suivre le récit et d'acheter le journal le lendemain. Pour cette raison, le confort du lecteur est une des motivations de l'auteur. Cela s'observe à travers plusieurs choix :

- le rythme du récit est à la fois varié et cyclique. Dumas alterne les moments d'action (dits «paroxysmes») et les temps de creux (dits «latences»): des creux préparent l'action, celle-ci se déroule, puis est suivie d'un nouveau creux et ainsi de suite. Par exemple, l'épisode des mousquetaires tenant un bastion constitue un creux préparant les épisodes à venir, tout particulièrement la mort de Buckingham. Ce moment d'action est suivi d'un nouveau creux relatant le chemin jusqu'au couvent où se trouve Mme Bonacieux. Cette phase laisse au lecteur le temps d'assimiler l'évènement et le prépare à l'action suivante, la mort de Mme Bonacieux. Ce procédé revient tout au long du roman et a pour objectif de ménager le lecteur;
- parallèlement à ce mouvement, la narration est dominée par des scènes, au détriment des descriptions. Une scène consiste en une équivalence entre la durée de l'action et le temps de la narration. Le dialogue est le plus bel exemple de scène: le temps nécessaire au déroulement du dialogue correspond à celui qu'il faut pour le raconter dans le livre. L'efficacité est la raison de ce choix de Dumas: ce principe lui permet à la fois de tenir son lecteur en haleine et de le guider. Il peut en effet d'abord lui présenter une action et ensuite la lui rappeler à travers un dialogue, par exemple. L'épisode est ainsi remémoré, à travers une forme de narration différente. Notons que l'on trouve plutôt les scènes dans les temps d'action, tandis que les descriptions concordent davantage avec les phases de creux.

SUCCÈS ET CRITIQUE DE L'ŒUVRE

Beaucoup considèrent *Les Trois Mousquetaires* comme un récit divertissant qu'un enfant pourrait lire. Les quelques commentaires qui précèdent ont pourtant montré la complexité de l'œuvre. Dumas a suivi les codes pour mieux les détourner, ce qui témoigne de son ingéniosité.

Cette impression de divertissement que l'on éprouve à la lecture du récit lui est bénéfique, mais lui nuit tout autant :

- d'un côté, l'œuvre est passée à la postérité et chacun connait ces quatre amis, opposés à Milady et aux gardes du cardinal de Richelieu ;
- de l'autre, peu de critiques semblent s'intéresser au texte. Malgré sa richesse, *Les Trois Mousquetaires* ne reçoivent malheureusement pas autant d'honneurs qu'une œuvre de Balzac (écrivain français, 1799-1850).

En 1844, ce roman feuilleton semble bien reçu. Sa publication en volume témoigne de son succès puisque seuls les romans feuilletons qui influençaient le nombre de tirages du quotidien connaissaient une seconde vie sous forme de livre. La destinée du roman dépendait de son succès : si les lecteurs suivaient les aventures publiées, l'histoire se poursuivait ; tandis que si le récit n'emportait pas l'adhésion des lecteurs, il était écourté pour laisser place à un autre.

Cette réalité impliquait quelques stratégies chez les auteurs. Ainsi, nous avons dit que Dumas avait notamment recours aux stéréotypes. Cela lui permettait de faire rapidement appel à l'imagination du lecteur qui s'identifiait aux personnages. Se sentant proche d'eux, il désirait connaitre la suite de leurs aventures et continuait d'acheter le journal dans lequel paraissait le texte.

PISTES DE RÉFLEXION

QUELQUES QUESTIONS POUR APPROFONDIR SA RÉFELXION…

- Dumas a fréquemment recours aux clichés dans *Les Trois Mousquetaires*. Donnez-en des exemples.
- N'est-on pas en droit de penser qu'à travers ce roman qui se déroule au XVIIIe siècle, l'auteur dresse en fait le portrait de la société qui l'entoure au XIXe siècle ?
- Dès les premières lignes du récit, d'Artagnan est comparé à don Quichotte. À votre avis, quel est le rôle de ce parallèle ?
- D'où vient l'opposition entre la renommée de l'œuvre auprès du public et le mépris des critiques vis-à-vis de celle-ci ?
- Qu'est-ce qui peut expliquer le grand succès des romans feuilletons dès 1840 ? Selon vous, ce genre de publication aurait-elle encore du succès aujourd'hui ? Justifiez.
- Plusieurs personnages du roman peuvent à priori être rangés du côté des bons, d'autres du côté des méchants. Mais les caractères sont-ils si tranchés ? Justifiez.
- Dominique Fernandez, auteur d'un essai sur Dumas, a dit à son sujet : « Pour moi, Dumas est l'égal de Balzac et de Hugo [écrivain français, 1802-1885], et je voulais le faire savoir. » Que répondre à cela après la lecture des aventures des mousquetaires ?
- Pourriez-vous trouver des points communs entre un roman feuilleton tel que *Les Trois Mousquetaires* et les séries télévisées d'aujourd'hui ?

POUR ALLER PLUS LOIN

ÉDITION DE RÉFÉRENCE

- Dumas A., *Les Trois Mousquetaires*, Paris, Gallimard, coll. « Folio classique », 2001.

ÉTUDES DE RÉFÉRENCE

- « Dossier Alexandre Dumas », in *Le Magazine littéraire*, septembre 2002, n°412, p. 22-65.
- « Le Dossier : Alexandre Dumas », in *Le Magazine littéraire*, février 2010, n°494, p. 50-83.
- Biet C., Brighelli J.-P. et Rispail J.-L., *Alexandre Dumas ou les Aventures d'un romancier*, Paris, Gallimard, coll. « Découvertes Gallimard », 1986.
- Wagner F., « Lire *Les Trois Mousquetaires* aujourd'hui », in *Romantisme*, n°115, 1/2002, p. 53-63.
- « Alexandre Dumas. Deux siècles de littérature vivante », sur dumaspere.com, le site officiel de la Société des amis Alexandre Dumas, http://www.dumaspere.com, consulté le 31/10/2010.

ADAPTATIONS

Les Trois Mousquetaires sont devenus mythiques. Les adaptations ne se comptent plus et transposent librement l'œuvre de Dumas. Si quelques épisodes et personnages demeurent incontournables, d'autres sont oubliés. Parmi les nombreuses adaptations, citons :

- *Les Trois Mousquetaires* (*The Three Musketeers*), film de Stephen Herek, avec Kiefer Sutherland, Charlie Sheen et Julie Delpy, 1994.
- *Les Trois Mousquetaires*, film de Paul W. S. Anderson, avec Orlando Bloom et Milla Jovovich, 2011.

SUR LEPETITLITTÉRAIRE.FR

- Fiche de lecture sur *Le Comte de Monte-Cristo* d'Alexandre Dumas
- Fiche de lecture sur *Pauline* d'Alexandre Dumas

Retrouvez notre offre complète sur lePetitLittéraire.fr

- des fiches de lectures
- des commentaires littéraires
- des questionnaires de lecture
- des résumés

ANOUILH
- Antigone

AUSTEN
- Orgueil et Préjugés

BALZAC
- Eugénie Grandet
- Le Père Goriot
- Illusions perdues

BARJAVEL
- La Nuit des temps

BEAUMARCHAIS
- Le Mariage de Figaro

BECKETT
- En attendant Godot

BRETON
- Nadja

CAMUS
- La Peste
- Les Justes
- L'Étranger

CARRÈRE
- Limonov

CÉLINE
- Voyage au bout de la nuit

CERVANTÈS
- Don Quichotte de la Manche

CHATEAUBRIAND
- Mémoires d'outre-tombe

CHODERLOS DE LACLOS
- Les Liaisons dangereuses

CHRÉTIEN DE TROYES
- Yvain ou le Chevalier au lion

CHRISTIE
- Dix Petits Nègres

CLAUDEL
- La Petite Fille de Monsieur Linh
- Le Rapport de Brodeck

COELHO
- L'Alchimiste

CONAN DOYLE
- Le Chien des Baskerville

DAI SIJIE
- Balzac et la Petite Tailleuse chinoise

DE GAULLE
- Mémoires de guerre III. Le Salut. 1944-1946

DE VIGAN
- No et moi

DICKER
- La Vérité sur l'affaire Harry Quebert

DIDEROT
- Supplément au Voyage de Bougainville

DUMAS
- Les Trois Mousquetaires

ÉNARD
- Parlez-leur de batailles, de rois et d'éléphants

FERRARI
- Le Sermon sur la chute de Rome

FLAUBERT
- Madame Bovary

FRANK
- Journal d'Anne Frank

FRED VARGAS
- Pars vite et reviens tard

GARY
- La Vie devant soi

GAUDÉ
- La Mort du roi Tsongor
- Le Soleil des Scorta

GAUTIER
- La Morte amoureuse
- Le Capitaine Fracasse

GAVALDA
- 35 kilos d'espoir

GIDE
- Les Faux-Monnayeurs

GIONO
- Le Grand Troupeau
- Le Hussard sur le toit

GIRAUDOUX
- La guerre de Troie n'aura pas lieu

GOLDING
- Sa Majesté des Mouches

GRIMBERT
- Un secret

HEMINGWAY
- Le Vieil Homme et la Mer

HESSEL
- Indignez-vous !

HOMÈRE
- L'Odyssée

HUGO
- Le Dernier Jour d'un condamné
- Les Misérables
- Notre-Dame de Paris

HUXLEY
- Le Meilleur des mondes

IONESCO
- Rhinocéros
- La Cantatrice chauve

JARY
- Ubu roi

JENNI
- L'Art français de la guerre

JOFFO
- Un sac de billes

KAFKA
- La Métamorphose

KEROUAC
- Sur la route

KESSEL
- Le Lion

LARSSON
- Millenium I. Les hommes qui n'aimaient pas les femmes

LE CLÉZIO
- Mondo

LEVI
- Si c'est un homme

LEVY
- Et si c'était vrai...

MAALOUF
- Léon l'Africain

MALRAUX
- La Condition humaine

MARIVAUX
- La Double Inconstance
- Le Jeu de l'amour et du hasard

MARTINEZ
- Du domaine des murmures

MAUPASSANT
- Boule de suif
- Le Horla
- Une vie

MAURIAC
- Le Nœud de vipères

MAURIAC
- Le Sagouin

MÉRIMÉE
- Tamango
- Colomba

MERLE
- La mort est mon métier

MOLIÈRE
- Le Misanthrope
- L'Avare
- Le Bourgeois gentilhomme

MONTAIGNE
- Essais

MORPURGO
- Le Roi Arthur

MUSSET
- Lorenzaccio

MUSSO
- Que serais-je sans toi ?

NOTHOMB
- Stupeur et Tremblements

ORWELL
- La Ferme des animaux
- 1984

PAGNOL
- La Gloire de mon père

PANCOL
- Les Yeux jaunes des crocodiles

PASCAL
- Pensées

PENNAC
- Au bonheur des ogres

POE
- La Chute de la maison Usher

PROUST
- Du côté de chez Swann

QUENEAU
- Zazie dans le métro

QUIGNARD
- Tous les matins du monde

RABELAIS
- Gargantua

RACINE
- Andromaque
- Britannicus
- Phèdre

ROUSSEAU
- Confessions

ROSTAND
- Cyrano de Bergerac

ROWLING
- Harry Potter à l'école des sorciers

SAINT-EXUPÉRY
- Le Petit Prince
- Vol de nuit

SARTRE
- Huis clos
- La Nausée
- Les Mouches

SCHLINK
- Le Liseur

SCHMITT
- La Part de l'autre
- Oscar et la Dame rose

SEPULVEDA
- Le Vieux qui lisait des romans d'amour

SHAKESPEARE
- Roméo et Juliette

SIMENON
- Le Chien jaune

STEEMAN
- L'Assassin habite au 21

STEINBECK
- Des souris et des hommes

STENDHAL
- Le Rouge et le Noir

STEVENSON
- L'Île au trésor

SÜSKIND
- Le Parfum

TOLSTOÏ
- Anna Karénine

TOURNIER
- Vendredi ou la Vie sauvage

TOUSSAINT
- Fuir

UHLMAN
- L'Ami retrouvé

VERNE
- Le Tour du monde en 80 jours
- Vingt mille lieues sous les mers
- Voyage au centre de la terre

VIAN
- L'Écume des jours

VOLTAIRE
- Candide

WELLS
- La Guerre des mondes

YOURCENAR
- Mémoires d'Hadrien

ZOLA
- Au bonheur des dames
- L'Assommoir
- Germinal

ZWEIG
- Le Joueur d'échecs

Et beaucoup d'autres sur lePetitLittéraire.fr

© **LePetitLittéraire.fr, 2013. Tous droits réservés.**

www.lepetitlitteraire.fr

ISBN version imprimée : 978-2-8062-1363-1
ISBN version numérique : 978-2-8062-1855-1
Dépôt légal : D/2013/12.603/237